Inhalt

Digitalstrategien - Unternehmen erwarten sich besseren Kundenkontakt, effizienteres Marketing und höheren Profit

Kernthesen

Beitrag

Fallbeispiele

Weiterführende Literatur

Impressum

Digitalstrategien - Unternehmen erwarten sich besseren Kundenkontakt, effizienteres Marketing und höheren Profit

Harald Reil

Kernthesen

- Digitalstrategien dienen dazu, den Kundenkontakt zu intensivieren, Marketingbotschaften unters Volk zu bringen sowie den Verkauf von Produkten und Dienstleistungen anzukurbeln.
- Eine Studie, an der 390 Konzerne teilgenommen haben, zeigt, dass nach

diesem Verständnis 52 Prozent der Unternehmen wenigstens nach eigenen Angaben bereits eine digitale Strategie verfolgen.
- Die Kommunikationsstrategie für digitale Themen lässt allerdings zu wünschen übrig. Das zumindest ist das Ergebnis einer anderen Untersuchung, an der sich 1 000 Führungskräfte beteiligt haben.
- Gleichwohl deuten alle Anzeichen darauf hin, dass Unternehmen in Zukunft an der Entwicklung von Digitalstrategien nicht mehr vorbeikommen werden. Das nötige Personal wird bereits rekrutiert.

Beitrag

Digitalstrategie ist mehr als die Weiterentwicklung der IT-Technik

Das Problem beginnt mit dem Begriff: Das Wort Digitalstrategie ist nicht eindeutig definiert. Für eine Studie, bei der die Gartner Inc., ein weltweit tätiges Marktforschungsunternehmen, das sich auf neue Trends in der Informationstechnologie spezialisiert hat, 390 CEOs und Führungskräfte in Konzernen mit einem Jahresumsatz von über 250 Millionen Dollar befragt hat, trat aber trotzdem zutage, dass die Verantwortlichen mit diesem Wort weitaus mehr als die Weiterentwicklung der IT-Technik verknüpften. Konkreter: Sie verstanden unter digitaler Strategie den Einsatz moderner Informationstechnologien, um den Kundenkontakt zu intensivieren, Marketing zu betreiben sowie den Abverkauf von Produkten und Services voranzutreiben. Das entscheidende Ergebnis der Umfrage: 52 Prozent der Konzernverantwortlichen bestätigten, dass sie nach diesem Verständnis des Begriffes bereits eine Digitalstrategie betrieben. (2)

Kommunikationsstrategie für digitale Themen ist stark verbesserungsbedürftig

Weniger optimistisch, zumindest was die Kommunikationsstrategie für digitale Themen anbelangt, ist eine Studie, die in dem Vierteljahresreport Grayling PULSE veröffentlicht wurde, eine Zeitschrift, die das international tätige Beratungsunternehmen Grayling verantwortet. Laut der Untersuchung verfolgen gerade einmal 20 Prozent der befragten Unternehmen eine explizite Kommunikationsstrategie für Digitalthemen. Das könnte daran liegen, so die Grayling-Pulse-Studie, dass sich mehr als 75 Prozent der Konzernlenker nicht in Social Media engagieren, also alles andere als ein ausgeprägtes persönliches Interesse für diese Thematik an den Tag legen. Ob ein Unternehmen sich eine Kommunikationsstrategie für digitale Themen zurechtgelegt hat, hängt allerdings auch von der Branche ab. Technologie-, Medien- und Telekommunikationskonzerne haben in dieser Beziehung mit 83 Prozent die Nase ganz weit vorn. Ihnen folgen schon weit abgeschlagen Consumer- und Retailkonzerne mit 68 Prozent. Auf Rang drei haben sich mit 60 Prozent Firmen aus den Transport-, Automobil- und Logistiksparten etabliert. Die Ziele der Kommunikationsstrategien für Digitalthemen fächern sich folgendermaßen auf: Unternehmen wollen die Awareness vergrößern (22 Prozent), den Ruf verbessern (21 Prozent), Markenbotschafter rekrutieren (15 Prozent), den Verkauf ankurbeln (11 Prozent) und den Service optimieren (10 Prozent). Für die Grayling-Pulse-Studie wurden über 1 000 Entscheider in Kommunikations- und Marketingabteilungen befragt. [1]

CEOs erhöhen Budget für Customer-Experience-Management, Marketing und

Business Analytics

Bleibt auf dem Feld der Digital- sowie der Kommunikationsstrategie von Digitalthemen also noch ein großes Areal zu bestellen, so stehen zumindest die Vorzeichen gut, dass die Unternehmen gewillt sind, tatsächlich etwas zu tun. Auch das hat die bereits oben zitierte Gartner-Untersuchung ergeben. Nach Jahren der Zurückhaltung, die vor allem der Finanzkrise geschuldet war, sagen die Marktforscher der IT in diesem Jahr eine Wiederbelebung voraus. Profitieren werden allerdings nicht die traditionellen CIOs und ihre Mannschaften, sondern die Abteilungen, die sich mit Customer-Experience-Management, Marketing und Business Analytics auseinandersetzen - also einen direkten Kundenbezug haben. Rund um den Globus wollen vier von fünf Konzernlenkern die Budgets für diese Fachbereiche erhöhen. Auch das ist ein Zeichen dafür, dass es ihnen mit der Entwicklung einer Digitalstrategie ernst ist. (2)

Trends

Chief Innovation, Data und Digital Officers gesucht

Experten der Gartner Inc. haben festgestellt, dass Unternehmen immer mehr nach Managern mit speziellen Fachkenntnissen suchen. Besonders gefragt sind Chief Innovation Officers, Chief Data Officers und Chief Digital Officers. Die Marktforscher gehen davon aus, dass bereits im Jahr 2014 20 Prozent der Firmen zumindest einen dieser Managertypen beschäftigen werden. Diese Entwicklungen sprechen dafür, dass sich die Unternehmen zunehmend eine zielgerichtete IT-Strategie auf die Fahnen schreiben werden, die sie in die Gesamtstrategie integrieren wollen. Ein weiterer Beleg für diese These ist der Wandel der Rolle des CIOs. Der IT-Chef alter Schule wird schon bald ausgedient haben. Stattdessen werden er und sein Team maßgeblich zur digitalen Strategiebildung beitragen und mit technologischen Innovationen an vorderster Front um den Kunden kämpfen. (2), (4)

Fallbeispiele

kraftwerk entwickelt Digitalstrategien

Mittlerweile gibt es auch Agenturen, die sich auf die Entwickung von digitalen Strategien für

Unternehmen spezialisiert haben. Eine von ihnen ist zum Beispiel die in Österreich ansässige Agentur kraftwerk, die unter anderem die Zurich Versicherung, die Wiener Stadtwerke oder die Tankstellenkette Eni zu ihren Kunden zählt. Vor allem Markenartikler und Retailer verlangten nach der Entwicklung von Marketingkonzepten, so die Erfahrung des Geschäftsführers Heimo Hammer, in denen auch Digitalstrategien berücksichtigt seien. (3)

Gruner + Jahr setzt einen Eckpfeiler für eine digitale Transaktionsstrategie

Gruner + Jahr hat sich bis vor kurzem noch kaum mit dem Thema digitale Transaktionsstrategie auseinandergesetzt. Jetzt aber steigt Europas größtes Druck- und Verlagshaus als Investor bei tausendkind.de ein, einem in der Bundeshauptstadt ansässigen Online-Versandhaus für Baby- und Kinderwaren. Diese Hinwendung zum Internet-Handel ist besonders bemerkenswert, da sich Gruner + Jahr bisher ausschließlich auf seine journalistische Expertise verlassen hat. Anknüpfungspunkte zum Internet-Händler tausendkind.de sind Portale wie ELTERN-Gruppe, Nido, Brigitte Mom und Urbia. (5)

LÉquipe LOréal soll Digitalstrategien für den Kosmetikriesen entwickeln

Der Kosmetikriese LOréal hat zusammen mit GroupM eine Mediaagentur gegründet, die exklusiv für den Konzern in Deutschland arbeitet. Das 45-köpfige Team der LÉquipe LOréal, so ihr Name, ist unter anderem auch für die Entwicklung der digitalen Strategien des Konzerns verantwortlich. Die Aufgabe ist anspruchsvoll, da abhängig von Artikel und Zielgruppe tatsächlich jeweils eine andere Digitalstrategie entwickelt werden wird. So zumindest will es Andreas Neef, der als Mediadirektor von LOréal die Hauptverantwortung für die Agentur trägt. LÉquipe LOréal wird bei seiner Arbeit auf das gesammelte Know-how anderer GroupM-Digital-Agenturen zurückgreifen. Dazu gehören Quisma, Xaxis und Kinetic. (6)

Nestlé investiert zehn Prozent seines weltweiten Marketingbudgets in eine Digitalstrategie

Nestlé hat eine Digitalstrategie entwickelt, die sich vor allem auf Social Media konzentriert. Dazu investiert der Nahrungsmittelriese zehn Prozent seines weltweiten Marketingbudgets. Geplant sind zum Beispiel so genannte "Digital Acceleration Center", die in jeder größeren Landesgesellschaft etabliert werden sollen. Die Facebook-Seite hat bereits ein "Facelifting" bekommen. In der Schweizer Zentrale verfolgen unterdessen 15 Social-Media-Spezialisten die Kundenäußerungen mit Argusaugen, sie registrieren Optimierungsvorschläge und beantworten Fragen. (7)

SPD-Politiker baut auf Digitalstrategin "Fräulein Tessa"

Auch die Politik wird es sich bald nicht mehr erlauben können, auf Digitalstrategien zu verzichten. Davon Gebrauch macht bereits der SPD-Politiker Thorsten Schäfer-Gümbel, der im Herbst dieses Jahres die Landtagswahl in Hessen für sich entscheiden will. Zu diesem Zweck hat er die Social-Media-Expertin Teresa Bücker engagiert, die sich als Twitterexpertin "Fräulein Tessa" einen Namen in der Netzgemeinde gemacht hat. Bücker arbeitet außerdem als Referentin für digitale Strategie und Social Media bei der Bundestagsfraktion der SPD. Zuvor war sie ebenfalls als Referentin im Newsdesk des SPD-Parteivorstandes tätig und brachte Sigmar Gabriel das Twittern bei. (8)

Weiterführende Literatur

(1) ONLINE-MARKETING - Einem Fünftel der Unternehmen fehlt digitale Strategie
aus acquisa, Vol. 56, Heft 11/2012, S. 11

(2) CEOs machen Geld für Mobile und Social locker
aus Computerwoche, 22.04.2013, Nr. 17

(3) "Das ist wie für uns gemacht"
aus "medianet" Nr. 1637/2013 vom 03.05.2013 Seite: 12

(4) Evolutionsprinzip - der Druck der neuen Welt zwingt die IT zur Entwicklung von Business-Know-how
aus GENIOS WirtschaftsWissen Nr. 07 vom 20.07.2012

(5) Neuer Investor für Berliner Internet-Shop tausendkind.de
aus Berliner Morgenpost, 05.04.2013, Nr. 92, S. 5

(6) L'Équipe macht sich mächtig chic
aus Horizont 14 vom 04.04.2013 Seite 015

(7) Nestlé startet neue Social Media Strategie
aus "Regal" Nr. 05/12 vom 05.06.2012 Seite: 159

(8) Fräulein Tessas Gespür für Tweets
aus Handelsblatt Nr. 075 vom 18.04.2013 Seite 055

Impressum

Digitalstrategien - Unternehmen erwarten sich besseren Kundenkontakt, effizienteres Marketing und höheren Profit

Bibliografische Information der deutschen Nationalbibliothek

Die Deutsche Nationalbibliothek verzeichnet diese Publikation in der deutschen Nationalbibliografie; detaillierte bibliografische Daten sind im Internet über http://dnb.d-nb.de abrufbar.

ISBN: 978-3-7379-1299-0

© 2015 GBI-Genios Deutsche Wirtschaftsdatenbank GmbH, Freischützstraße 96, 81927 München, www.genios.de

Alle Rechte vorbehalten. Dieses Werk ist einschließlich aller seiner Teile – z.B. Texte, Tabellen und Grafiken - urheberrechtlich geschützt. Jede Verwertung außerhalb der Grenzen des Urheberrechtsgesetzes bedarf der vorherigen Zustimmung des Verlags. Dies gilt insbesondere auch für auszugsweise Nachdrucke, fotomechanische Vervielfältigungen (Fotokopie/Mikroskopie), Übersetzungen, Auswertungen durch Datenbanken oder ähnliche Einrichtungen und die Einspeicherung und Verarbeitung in elektronischen Systemen.